काव्य स्मृतियाँ

कुछ यादें, कुछ बातें

प्रीती भाटिया

BookLeaf Publishing
India | USA | UK

Made with ❤ on the BookLeaf Publishing Platform
www.bookleafpub.in
www.bookleafpub.com

Dedication

उन आकांक्षाओं के लिए जो हमें नई ऊंचाइयों तक पहुंचने के लिए प्रेरित करती हैं...

Preface

यह कविताओं का संग्रह मेरे मन के शांत कोनों और मेरे आस-पास की दुनिया के हलचल भरे परिदृश्यों के माध्यम से एक यात्रा है। इन पृष्ठों में, **स्मृतियाँ**, चाहे वे जीवित हों या धुंधली, रोजमर्रा के पलों से प्राप्त **अवलोकनों** के साथ गुंथी हुई हैं—एक क्षणिक नज़र, एक फुसफुसाई हुई बातचीत, एक नए दिन की बदलती रोशनी। हर कविता एक स्नैपशॉट है, जो किसी अनुभव के सार या किसी भावना की गूँज को पकड़ने का प्रयास है। ये एक जिए गए जीवन के टुकड़े हैं, जो चिंतन के लेंस से देखे गए हैं, और इस उम्मीद में साझा किए गए हैं कि वे आपकी अपनी पहचान को जगा सकें।

Acknowledgements

यह काव्य-संग्रह केवल शब्दों का संकलन नहीं, बल्कि जीवन के अनुभवों और भावनात्मक यात्राओं का प्रतिबिंब है। इस सपने को साकार करने में जिन लोगों ने मेरा साथ दिया, उनका हृदय से आभार व्यक्त करना चाहती हूँ।

सबसे पहले, मेरे **परिवार और दोस्तों** को, जिन्होंने अपने प्यार, समर्थन और अनमोल जीवन अनुभवों से मुझे लगातार प्रेरित किया। आपकी हंसी, आपके आँसू, आपकी कहानियाँ और आपकी उपस्थिति ही मेरे शब्दों की नींव बनी हैं। मेरी भावनात्मक यात्राओं में आप सभी ने जो भूमिका निभाई है, उसके लिए मैं सदैव आपकी आभारी रहूँगी।

और अंत में, इस सपने को हकीकत में बदलने के लिए मैं अपनी **प्रकाशक** की आभारी हूँ। आपके मार्गदर्शन, विश्वास और अथक प्रयासों के बिना यह संभव नहीं था। यह सिर्फ एक किताब नहीं, बल्कि एक सपना है जिसे पूरा करने में आपने मेरी मदद की।

धन्यवाद!

-प्रीती

आंगन की रौनक

बच्चों घर कब आओगे?
सूनी बगिया कब महकाओगे ?
आंगन की रौनक कब लौटाओगे?

कानों में हमारे अब भी गूंजती है
वह किलकारियाँ तुम्हारी,
वह मीठी बातें और हंसी प्यारी।
वह तसवीरें तुम्हारी
कर जाती ताज़ा फिर यादें पुरानी।
ऐसा लगता है कल की ही बात हो,
जब तुमने अपना पहला शब्द पुकारा था,
पहली मुस्कान बिखराई और पहला कदम डाला था।

फिर तो जैसे तुम रुके ही नहीं,
बेलगाम बस बढ़ते चले गए।
ससफलताओं की सीढ़ी चढ़ते चले गए।
अब यह हाल है,
तुम इतने व्यस्त हो,
समय आगे दौड़ रहा है
और तुम उसके पीछे भाग रहे हो।

यदि हो सके तो, बस इतना कह दो,
बच्चों, घर कब आओगे?
सूनी बगिया कब मेह्काओगे?
आंगन की रौनक कब लौटाओगे?

****

कहूं कैसे मेरे पिया कौन

करतीं तुम प्रश्न रोज़ जो
और मैं रह जाती मौन,
माँ, तुम ही बतलाओ,
कहूं कैसे मेरे पिया कौन?

न जाना है नाम जिसका
न जाना है देस
देखी न सूरत जिसकी कभी
न जाना है भेस,
माँ, तुम ही बतलाओ,
कहूं कैसे मेरे पिया कौन?

जिसका न संदेस कोई
न कोई है पाती,
मिली न जिस से मैं कभी
और न सपनों में छवी आती ,
माँ, तुम ही बतलाओ ,
कहूं कैसे मेरे पिया कौन?

न जानूं कौन है वह

और आएगा किस नगर से,
बैठा डोली में मुझे वह,
संग ले जाएगा किस डगर से,
माँ, तुम ही बतलाओ,
कहूं कैसे मेरे पिया कौन?

****

चुनाव

"भाइयों," जोश में चिल्लाया,
भ्रश्टाचारिय पार्टी का लीडर,
"अगर जीत कर आया
विरोधी दल का वह गीदड़,
तो आएगा आतंक का तूफ़ान।
महंगी होगी हर वस्तु, हर समान।
न जाने देश की क्या दशा होगी,
हर चेहरे पर निराशा ही निराशा होगी।

इसलिए, मेरे देश बंधुओं,
हमें जिताओ, वोट दो।
अगर मेरी पार्टी जीती,
तो कर डालूँगा नष्ट, हर भ्रष्ट नीति।
यह देता हूँ मैं वचन,
बदलूंगा देश को,
लाऊँगा अनुशासन।
गरीबी की रेखा को ऊपर उठाऊंगा ,
इस देश को मैं स्वर्ग बनाऊँगा।"

फिर कुछ दिनों पश्चात

चुनाव के जब निकले परिणाम,
तब सचमुच ही गरीबी की रेखा को
ऊपर उठाने के होने लगे थे प्रयास,
क्योंकि, अब तो
भीक के भी बढ़ गए थे दाम।
और मिनिस्ट्री के आने पर,
अनुशासन को छोड़,
आगये सब चोर-ही-चोर!

****

मैं तो हूँ

जग ना दे सका साथ तो क्या,
सखी, मैं तो हूँ ।

माना, हूँ दूर बहुत
पर इतनी भी मजबूर नही
की घाव दील के ना देखूं
व्याकुल मन को ना पहचान सकूं...
जग ना दे सका साथ तो क्या,
सखी, मैं तो हूँ ।

छोड़ गए बालम तुम्हे,
और मैं साथ ना बाट निहार सकूं...
इतनी भी भोली नही
की विरह-वियोग ना जान सकूं ।
जग ना दे सका साथ तो क्या,
सखी, मैं तो हूँ ।

न जान पायीं तुम कोमल स्पर्श,
न मैं ही दो बोल कह सकूं...
आँसू ना पोंछ पाई तो क्या,

एक मीठी सी मुस्कान तो दूं।
जग ना दे सका साथ तो क्या,
सखी, मैं तो हूँ।

******

एक और मंज़िल

बहुत सोचा किए थे हम
कौनसी राह जाएंगे ।
ना मालूम था मगर,
तकदीर क्या लिये खड़ी है ।
दो राहें हो या चार,
वह तो एक नई मंज़िल पर अड़ी है ।

नई आशाएं, नई उमंगें,
नई राहें पुकार रही...
जाएं न जाएं, उठ रह द्वंद
मन में मोह कि बेड़ियाँ पड़ीं ।

दर छुटा, घर छुटा
बचपन भरा शहर छूटा,
छुटा प्यारों का साथ भी ।
करें क्या, क्या ना करें
यह सोच रहे...
छुटा ममता भरा हाथ भी ।

अब लगता है...

क्या सही था?
सभी अपनों को छोड़ आना ?
आज नहीं कल सही
कभी तो उनसे था दूर जाना ।
इसी असमंजस में डूबे हुए थे,
की आया फिर ख़याल वही...
लाख कोशिशें करें यारों
तकदीर पर किसी का ज़ोर नहीं !

****

नया वर्ष

नई सुबह की फैली है आभा,
हर चहरे पर दमकता हर्ष ।
लेकर नई आशाएं आया...
नन्हा शिशु सा नया वर्ष ।

नए फूलों की खुशबू लिये,
खुले पंखुदी सा हर दिन नया ।
बीते पल-पल, पल-पल बीते,
बसंत की रंग भरे मौसम सा ।

बढ़ता जाए हर दिन, हर पल...
यह नन्हा पौधा, वृक्ष सा ।
खुली पवन में शाखाएँ फैलाए...
करे आगमन नई सदी का ।

****

पॉकेटमार

खाकर उसने दही-भात
कहा, "ज़रा धोकर तो आऊं हाँथ,
फिर चलते हैं देहात।
पर मेरे यार , याद रखना एक बात,
हो गई है बहुत रात."

स्टेशन पर जब पहुँची टैक्सी-कार
तब, किया उसने मुझे होशियार।
कहा,'मेरे यार,
ज़रा बचके रहना ...
होते हैं यहां बहुत पॉकेटमार।"

जब गाड़ी चली धक्के-मार,
तब इक काला-कलूटा, खूंख्वार
आदमी, कुछ छीनकर,
पहुँचा दूसरे डिब्बे के द्वार!

जब गाड़ी कर गई कई स्टेशन पार,
तब, मेरे मुंह से
निकली एक पुकार...

"पॉकेटमार! पॉकेटमार!
मार दिया किसी ने मेरा पॉकेट यार!!

****

थोड़ी यादें चाहिए

थोड़ी यादें चाहिए.बचपन की प्यार भरी
वो छेड़- छाड़ वाली
कुछ खट्टी-मीठी
बातें चाहिए।

शाम की वह धीमी बर्खा
सुबह का वह जोरदार तूफान
वह उठती खुशबू भीनी भीनी
वह चांदनी बिखेरता चाँद।

यह सब यादें बांट लो मुझसे
और वह खुशबूएं भी सारी
जिन में छुपी हो माँ की ममता
और कान्हा की नटखट प्यारी।

बांट लो सारी बातें
जिनसे मुंह में आता है
गरम पकौड़ों का स्वाद
या पापा के हाथों की
वह चाय की प्याली याद....

थोड़ी यादें चाहिए.बचपन की प्यार भरी
वो छेड़- छाड़ वाली
कुछ खट्टी-मीठी
बातें चाहिए।

****

नया जहां

बहुत दिन हुए...
आज कुछ कर जाएं नया ।
घर तो है खाली,
दिल में हज़ारों अरमां ।
शुक्रगुज़ार हैं..
दिया तुने हमको यह मौका ज़िन्दगी...
आज फिर हम सजाएं,
सपनों का नया जहां!

****

अगर न नभ में बादल होते ?

अगर न नभ में बादल होते
तो? तो क्या होता?

अगर न नभ में बादल होते
तो वर्षा भी न होती।
वर्षाएं अगर न होती..
तो नदी, सागर और ताल
सभी सूख जाते।

उजाड़ जाते खेत खलिहान ,
और देश हमारा कृषि प्रधान
बन जाता अकाल प्रधान।

दरारें पड़ जाती धरती,
प्यासे रह जाते सबके अधर ,
और प्राणी मात्र भी जाते मर।

न रह जाती हरियाली धरती पर,
न प्राकृतिक सौंदर्य ही रहता।
मोर न नाचते थिरक-थिरक कर,

और न ही कवी गीत गाते।

इसीलिए, अगर न नभ में बादल होते..
तो, यह रंगीन संसार वीरान हो जाता,
और हम भी जीवित न रहते !

****

आई है फिर से होली !

खुशियों की सौगात लिए,
दिल से दिल की बात किये,
सुंदर, सुमन रंगों से भरी,
आई है फिर से होली!

होली के रंगों में रंग कर,
जात-पात, भेदभाव भुलाकर,
बोले हम-तुम प्रेम की बोली,
आई है फिर से होली!

गुलाल-अबीर से नहाएं,
नाचे गाए, खुशियां मनाएं,
बोले सबसे मीठी बोली,
आयी है फिर से होली!

****

गीत

गीत क्या है?
इक चंचल उमंग है,
यह मन की तरंग है।
इस दिल का तराना है,
यह तेरा-मेरा फसाना है।

जो किया नहीं जाता,
वह गीत कर जाता है।
जो कहा नहीं जाता,
वह गीत कह जाता है।

गीत क्या है?
इक चंचल उमंग है,
यह मन की तरंग है।
****

गपशप

एक दिन की बात बात है।
बात कुछ ख़ास है। बाजार में....
दो औरतें बतिया रही थी।
आज के ज़माने केगुण गा रही थी।
एक ने कहा,
" ज़माना कितनी तेज़ी से चल रहा है,
छोटा सा क़स्बा शहर में बदल रहा है।
जितने के मकान मिला करते थे..
इतना तो आज टैक्स लग रहा है।"

दूसरी बोली,
"जी सच कहा आपने,
दुनियावालों के भी क्या कहने।
आज की जनरेशन कितनी वेस्टर्नाइज़्ड होती जा रही।
आदमी तो कटवाते ही थे,
आज तो औरत भी केस कटवा रही है।
कल तक जो साड़ी पहन कर निकलती थी,आज वह नारी
अधनंगी घूम रही है।"

और दोनों ठहाका लगाती हुई निकल दीं।

नारी की इज़्ज़त को....
बाज़ार में उछालती हुई चल दीं।
पर, यह बात
मेरे दिल को छू गई।
कल तक जो लज्जा का प्रतीक थी,
आज वह नारी, खुद ही,
गपशप का किस्सा बन गई थी।

****

वक़्त

काश के वक़्त यहीं थम जाए।

सोचूँ तो, समझ न आए...
छोटा सा जीवन,
प्यारा सा साथ।
कैसे यह क्षण लौट कर आएं ?

काश के वक़्त यहीं थम जाए।

जैसे पवन का झोंका आए...
सबके जीवन को महकाए।
तुम भी ऐसे दबे पाँव आए,
और हमें पता न चला।
कैसे यह घड़ियाँ पलट कर आएं ?

काश के वक़्त यहीं थम जाए।

तुम आते, यहीं रह जाते...
फिर न यूँ लौट कर जाते।

हँसते गाते, गुनगुनाते,
यूँही रोज़ समा बंधाते।
काश के हम तुम्हे रोक पाएं...

काश के वक़्त यहीं थम जाए।

****

उम्मीद

उम्मीद.. मुलाक़ात तुमसे क्या फिर होगी ?
तुमसे ऐसी आशा न थी,
छोड़ डौगी बीच भंवर में,
इतनी बेरहमी से बांह मेरी।
उम्मीद.. मुलाक़ात तुमसे क्या फिर होगी ?

तुम्हारे हाथों को थाम कर ही...
मैंने चलना सीखा था,
और चुनी थी राह नई।
ख़्वाबों को अपने रंगा था,
आशाओं से, तुम्हारे सहारे ही।
उम्मीद.. मुलाक़ात तुमसे क्या फिर होगी ?

शायद तुम्हारी भी कोई मजबूरी थी।
वरना, क्यों तोड़तीं तुम मेरा यकीन ?
अब, इंतज़ार उस पल का है,

जब किसी राह पर, देर से ही,
मुलाक़ात तुमसे फिर होगी।
उम्मीद.. मुलाक़ात तुमसे फिर कब होगी ?

****

मानो या अब न मानो..

मानो या अब न मानो,
तुमसे प्यार किया है मैंने।
दुनिया छोड़ कर आई हूँ
सब त्याग दिया है मैंने।

ढूँढती तुम्हे हर नज़र है
सभी अपने बेगानों में।
तन्हा-तन्हा सा लगता है
बाज़ार, भीड़-दुकानों में।
रंगरलियाँ सारी दूर हुई हैं,
तुमसे नैन मिलाने में...
मानो या अब न मानो,
तुमसे प्यार किया है मैंने ।

नींद आँखों से कोसों दूर..
सुख-चैन भी सारे खो गए।
तेरे नाम अब तो मेरे,
दिन-रैन ही सारे हो गए ।
तुझको पा कर लींन हुई मैं,
प्रीत की सरगम गाने में...

मानो या अब न मानो,
तुमसे प्यार किया है मैंने।

तुमसे ही हर महफ़िल सजे,
तन्हाई अब तड़पाती है।
इक पल को गर दूर हुए तुम...
यह याद बहुत सताती है।
मन को कुछ न भाता है,
इस बेदर्द ज़माने में...
मानो या अब न मानो,
तुमसे प्यार किया है मैंने।

बचपन क्या था?
कौन सा याराना?
सब कुछ हुआ है
अब तो अनजाना।
रिश्ते-नाते भूल चुकी सब,
तुमसे प्रीत निभाने में...
मानो या अब न मानो
तुमसे प्यार किया है मैंने।

दुनिया छोड़ कर आई हूँ
सब त्याग दिया है मैंने...
मानो या अब न मानो,
तुमसे प्यार किया है मैंने।

****

आखिर मेरा हक़ ही क्या?

आखिर मेरा हक़ ही क्या की पूछूं तुमसे -
करते हो मुझसे प्यार?
हम-तुम तो नदी के दो किनारे...
एक इस पार ...एक उस पार।

मैंने किया ही क्या है
अब तक?
कुछ भी तो नहीं।
बस, ब्याह के नाम पर
हाथ थाम लिया तुम्हारा....
और छोड़ मायके की देहलीज़आ गई संग, निःसंकोच...
सात समंदर पार।

आखिर मेरा हक़ ही क्या की पूछूं तुमसे -
करते हो मुझसे प्यार?

इस मिलन के मायने ही क्या?
कुछ भी तो नहीं।
बस, बेतुकी सी कुछ भावनाएं हैं ...
और, दो मोती अनमोल।

एक प्यारा सा अंश ज़िन्दगी का, एक खिलती सी मुस्कान,
और कुछ बहते आंसू...
जैसे मेघ-मल्हार!

आखिर मेरा हक़ ही क्या की पूछूं तुमसे -
करते हो मुझसे प्यार?

यह प्यार आखिर है ही क्या?
कुछ भी तो नहीं।
बस, बेतुका सा एक अल्फाज़.... जैसे सागर की आती -जाती लहरें,
बहती चली गई जिस में मैं
बारम्बार... बारम्बार...!

आखिर मेरा हक़ ही क्या की पूछूं तुमसे -
करते हो मुझसे प्यार?
हम-तुम तो नदी के दो किनारे...
एक इस पार ...एक उस पार।

****

बरगद का पेड़

बस अब इतनी ही आस है,
बरगद के इक पेड़ की तलाश है।
थक गए हैं इतना भटक कर,
घड़ीभर उसके साए में बैठने की प्यास है।

ढूंढा जिसे है गलियों-चौबारों में,
खेत-खलिहानों, भीड़-दुकानों में,
पर न पाया कहीं आस-पास है...
बस अब इतनी ही आस है,
बरगद के इक पेड़ की तलाश है।

चौड़े सीने सा तना हो जिसका,
और मज़बूत बाहों सी हो डालियाँ।
धार बाहों में जकड़े ऐसे,
लगे ज्यों प्रीतम पास हैं...
बस अब इतनी ही आस है,
बरगद के इक पेड़ की तलाश है।

दे सहारा यूँ , कर जाएं पार हेर तूफां।
चांदनी रातों में जो,
दिखलाए सपनों का जहां।
गन गुने मधुर पवन गीत यूँ,
लगे जैसे मधुमास है...
बस अब इतनी ही आस है,
बरगद के इक पेड़ की तलाश है।

****

अंश हमारा

कितना छोटा कितना न्यारा
सबसे प्यारा है अंश हमारा।

बगिया हमारी जब से आया है,
हजारों खुशियाँ संग लाया है।

हंसता है, रोता है,
कभी जागता फिर सोता है।
खन-खन, खन-खन, हँसता है,
जो देखे सो फंसता है।

एक वर्ष बीत चला है
जब से यह चमत्कार हुआ है।
आओ हम सब मिलकर गाएँ,
अंश का पहला जन्मदिन मनाएँ।
स्वस्थ तन हो, सुन्दर मन हो,
ऐसी दें उसे आशीष-दुआएं।

सबसे प्यारा है अंश हमारा
खुशियों से भर दे जीवन सारा।

****

अधूरी सी प्यास...

एक ही आस थी,
अधूरी सी प्यास थी।
कानों में गूंजे फिर
"माँ" की मीठी बोली।
पर... स्वप्न टूटा..
जब पलकें खुली।
हे प्रभु! यह कैसी ठिठोली?

चाहा न मैंने अहित किसी का,
न कभी ही बुरा किया।
इसलिए था विश्वास मुझे...
दोगे, जो मांगे जिया।
पर... स्वप्न टूटा..
जब पलकें खुली।
हे प्रभु! यह कैसी ठिठोली?

तोडना ही था स्वप्न जो,
क्यों उसे संजोने दिया?
मुरझाना ही था फूल तो..
कलि क्यों उसे बन ने दिया?

ऐसे तो तुम निर्दयी नहीं।
प्रभु, फिर क्यों
यह परीक्षा की घडी?

एक ही आस थी,
अधूरी सी प्यास थी।
कानों में गूंजे फिर
"माँ" की मीठी बोली।
पर... स्वप्न टूटा..
जब पलकें खुली।
हे प्रभु! यह कैसी ठिठोली?

******

हमारी मुस्कान

कितनी सुंदर, कितनी प्यारी,
हो गई है ज़िन्दगी हमारी।
जब से आयी है यह नन्ही जान,
हमारी बिटिया, हमारी मुस्कान।

कभी यह रोती, कभी यह डरती
कभी किलकारियां भर्ती है।
कभी नचाती कभी मुस्काती,
सबके मन को हरती है।

कभी पुकारे इम्मे -पापा,
कभी लगाए "भीया" की पुकार।
खिलखिलाए कभी, लुभाए सबको,
बिखराये हर तरफ खुशियों की फुहार।

आओ इसका पहला जन्मदिन मनाएं
हसें-गाए, खुशियां मनाएं।
परियों सा सजाएं इसका जहां,
हमारी बिटिया, हमारी मुस्कान।

कितनी सुंदर, कितनी प्यारी,
हो गई है ज़िन्दगी हमारी।
जब से आयी है यह नन्ही जान,
हमारी बिटिया, हमारी मुस्कान।

****